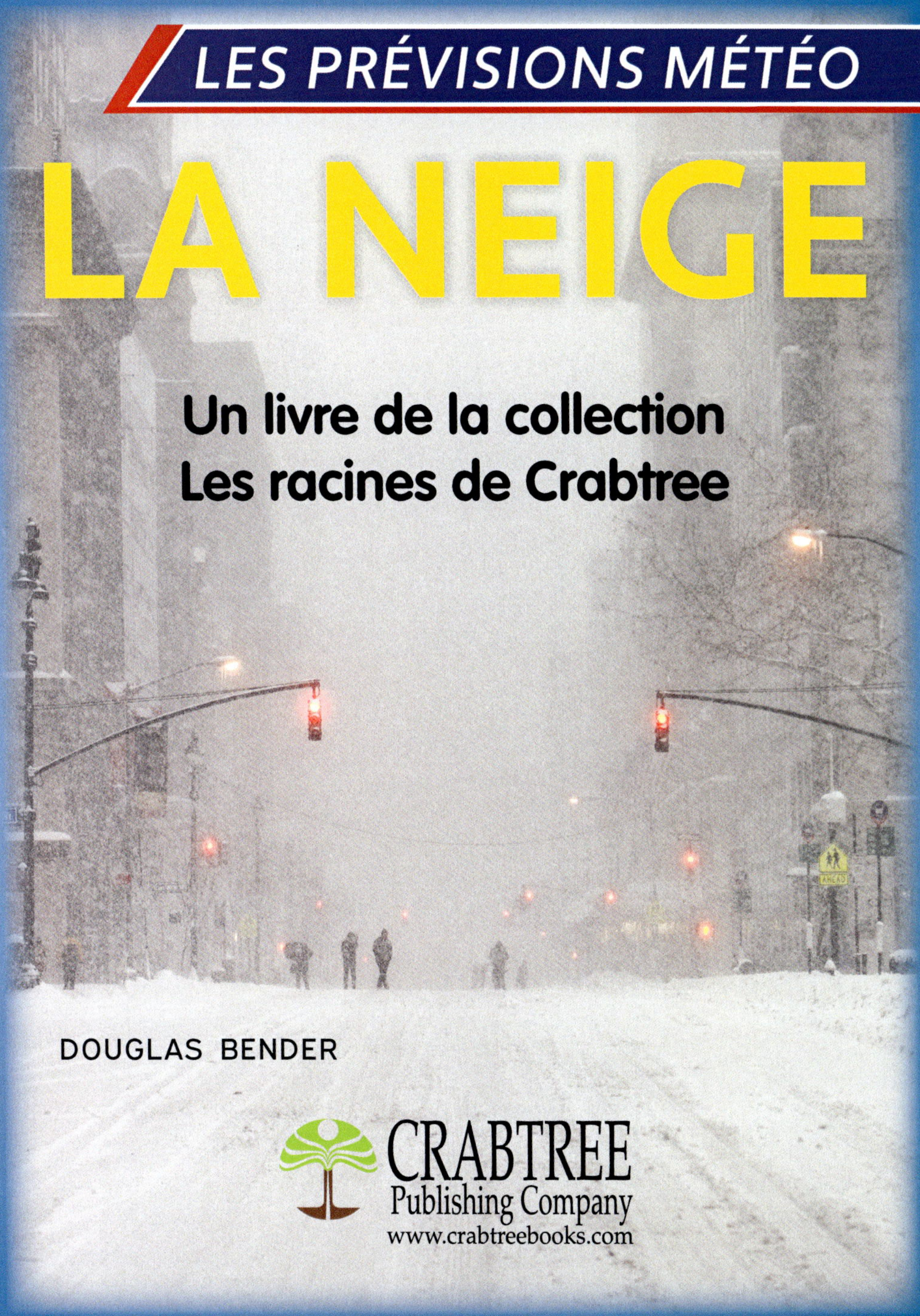

LES PRÉVISIONS MÉTÉO

LA NEIGE

Un livre de la collection Les racines de Crabtree

DOUGLAS BENDER

CRABTREE
Publishing Company
www.crabtreebooks.com

Soutien de l'école à la maison pour les parents, les gardiens et les enseignants

Ce livre aide les enfants à se développer grâce à la pratique de la lecture. Voici quelques exemples de questions pour aider le lecteur ou la lectrice à développer ses capacités de compréhension. Les suggestions de réponses sont indiquées en rouge.

Avant la lecture

- De quoi ce livre parle-t-il?
    - *Je pense que ce livre parle de la neige.*
    - *Je pense que ce livre explique comment la neige est faite.*

- Qu'est-ce que je veux apprendre sur ce sujet?
    - *Je veux apprendre d'où vient la neige.*
    - *Je veux savoir de quoi est faite la neige.*

Pendant la lecture

- Je me demande pourquoi...
    - *Je me demande pourquoi il ne neige pas toute l'année.*
    - *Je me demande pourquoi la neige fond.*

- Qu'est-ce que j'ai appris jusqu'à présent?
    - *J'ai appris que la neige est faite d'eau.*
    - *J'ai appris que la neige se forme dans les nuages.*

Après la lecture

- Nomme quelques détails que tu as retenus.
    - *J'ai appris que nous utilisons des pelles quand il neige.*
    - *J'ai appris qu'une grande quantité de neige crée une tempête de neige.*

- Lis le livre à nouveau et cherche les mots de vocabulaire.
    - *Je vois le mot* ***flocons*** *à la page 6 et le mot* ***tempête*** *à la page 8. Les autres mots de vocabulaire se trouvent à la page 14.*

Brr! Voici de la neige.

La neige est faite d'eau.

La neige se forme
dans les **nuages**.

La neige tombe sous forme de **flocons**.

Une grande quantité de neige crée une **tempête** de neige.

Nous utilisons une **pelle** quand il neige.

Les gens aiment sauter et jouer dans la neige!

Liste de mots

Mots courants

aiment
dans
de
est
et
faite
forme
il
jouer
la
neige
nous
quand
sauter
sous
tombe
une
utilisons
voici

La boîte à mots

flocons

nuages

pelle

tempête

50 mots

Brr! Voici de la neige.

La neige est faite d'eau.

La neige se forme dans les **nuages**.

La neige tombe sous forme de **flocons**.

Une grande quantité de neige crée une **tempête** de neige.

Nous utilisons une **pelle** quand il neige.

Les gens aiment sauter et jouer dans la neige!

Crabtree Publishing Company

LES PRÉVISIONS MÉTÉO

LA NEIGE

Auteur : Douglas Bender
Conception : Rhea Wallace
Développement de la série : James Earley
Correctrice : Janine Deschenes
Conseils pédagogiques : Marie Lemke M.Ed.
Traduction : Annie Evearts
Coordinatrice à l'impression : Katherine Berti
Références photographiques :
Shutterstock : Taiga : couverture; Nick Starichenko : p. 1; Triff : p. 3, 14; Key_Keeper : p. 4; thebezz : p. 5, 14; Bobkov Evgenly : p. 6-7, 14; stoatphoto : p. 9, 14; Rossario : p. 11, 14; Serg Zastavkin : p. 12

Crabtree Publishing Company

www.crabtreebooks.com 1-800-387-7650

Publié aux États-Unis
Crabtree Publishing
347 Fifth Avenue
Suite 1402-145
New York, NY, 10016

Publié au Canada
Crabtree Publishing
616 Welland Ave.
St. Catharines, Ontario
L2M 5V6

Imprimé au Canada/062021/CPC

Catalogage avant publication de Bibliothèque et Archives Canada

Titre: La neige / Douglas Bender ; texte français d'Annie Evearts.
Autres titres: Snow. Français.
Noms: Bender, Douglas, auteur.
Description: Mention de collection: Les prévisions météo | Les racines de Crabtree | Traduction de : Snow. | Comprend un index.
Identifiants: Canadiana (livre imprimé) 20210269715 | Canadiana (livre numérique) 20210269731 | ISBN 9781039606760 (couverture souple) | ISBN 9781039606821 (HTML) | ISBN 9781039606883 (EPUB) | ISBN 9781039606944 (livre numérique avec narration)
Vedettes-matière: RVM: Neige—Ouvrages pour la jeunesse. | RVMGF: Documents pour la jeunesse.
Classification: LCC QC926.37 .B46214 2022 | CDD j551.57/84—dc23